Excursions au Yémen

ISBN 978-2-84265-825-0

EAN eBook : 9782842658267

La Découvrance
17000 La Rochelle – France

http://www.ladecouvrance.net

Désiré CHARNAY et Albert DEFLERS

Excursions au Yémen

Voyage exécuté en 1896

La Découvrance
2015

Albert Deflers (1841- 1921), botaniste, ramène de ses voyages au Yémen un herbier et un catalogue des espèces avec leurs noms arabes.

-

Claude-Joseph Désiré Charnay dit Désiré Charnay né en 1828 à Fleurieux-sur-l'Abresle (69), archéologue explorateur et photographe, meurt en 1915 à Paris. Il devient célèbre en publiant son album de photographies de sites mexicains.

Itinéraire du voyage.

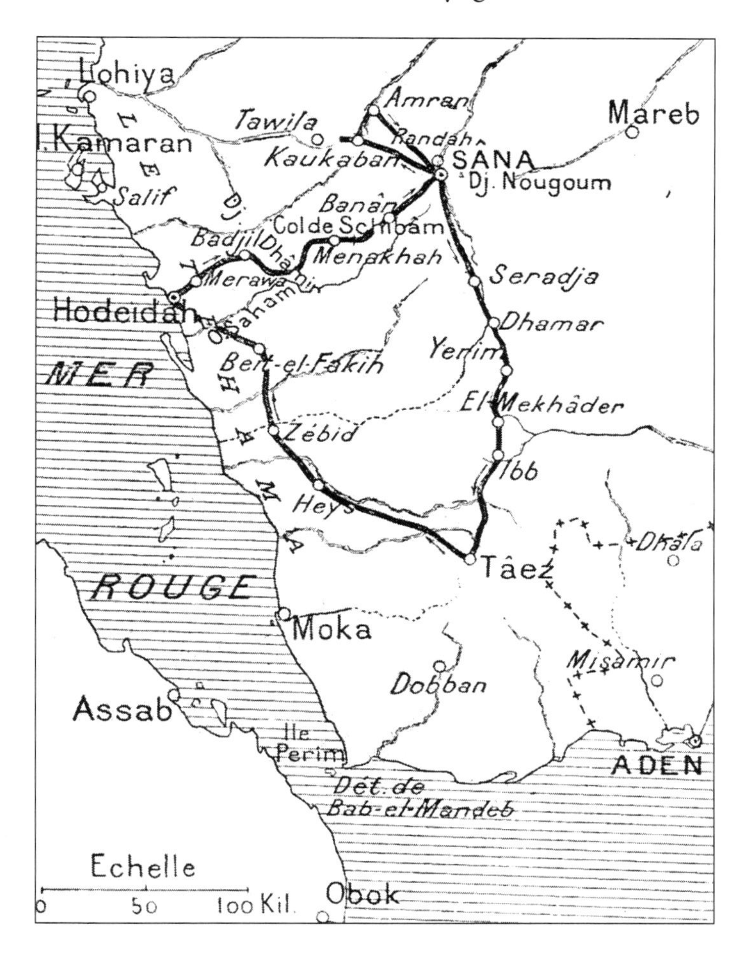

1

Le Yémen, où nous allons conduire le lecteur, n'est point une terre inconnue.

Nombre d'explorateurs, et des plus célèbres, ont visité cette *Arabie Heureuse*, ancien foyer d'une éclatante civilisation où le nom Sabéen a brillé au premier rang. C'est à Mariaba, Sabah, Mareb aujourd'hui, que régnait cette belle reine Belkis[1], l'admiratrice et l'amie de Salomon ; c'est sa capitale que Strabon nous dépeint comme une ville merveilleuse, toute pleine d'or, d'ivoire et d'encens ; c'est cette Mariaba que Pline disait être un diadème sur le front de l'univers et qu'Alius Gallus assiégea vainement.

Après dix-huit siècles de prospérité, Mariaba fut anéantie par la rupture d'un réservoir qui faisait sa richesse : effroyable événement que les Arabes ont appelé le déluge del Arem. Eh bien ! cette intéressante

1. Balqis, reine de Saba.

contrée, siège de la civilisation himyarite, fut explorée pour la première fois au siècle dernier, de 1761 à 1764, par Niebühr, un Danois, et ses collaborateurs. À cette époque, il y a près d'un siècle et demi, la ville de Sâna[1] était la même que de nos jours, et les descriptions de Niebühr semblent d'hier. C'est que rien ne change dans ce curieux pays. Après Niebühr et par ordre de dates, viennent Ehrenberg en 1823, le lieutenant Cruttenden en 1836, et la même année Botta le naturaliste. En 1844 prennent place les deux remarquables voyages du français Arnaud, pharmacien de l'armée égyptienne, qui de Sâna, grâce à la protection de l'imam régnant alors, atteignit Mareb[2], où il prit un croquis des ruines de la fameuse digue et du palais de la reine Belkis et d'où il rapporta de nombreuses inscriptions sabéennes. De 1869 à 1870 eut lieu la célèbre exploration de Joseph Halévy, qui atteignit également les ruines de Mareb, voyage qui valut à la science six cent quatre-vingt-six inscriptions ; puis viennent Stephens, Manzoni de 1877 à 1880, et enfin Édouard Glaser, qui a parcouru le Yémen pendant huit ans sous la protection des Turcs, qui se sont

1. Sanaa.
2. Marib.

emparés de la province en 1871 ; Glaser, qui a enrichi son pays, l'Autriche, d'une foule de documents précieux et d'inscriptions himyarites, et qui partage avec Arnaud et Halévy la gloire d'avoir visité Mareb.

C'est là que l'un de nous voulait aller ; vu les temps, l'entreprise était téméraire ; elle n'a pas réussi, et c'est une simple promenade que nous allons faire dans le Yémen.

La voie la plus habituelle pour se rendre dans le Yémen et à Sâna, la capitale, est de passer par Aden ; là on se rembarque sur un petit vapeur qui, chaque semaine, fait le trajet d'Aden à Hodeïdah en passant par Périm[1] ; c'est une traversée de trente-six heures. Hodeïdah est le seul port actuellement ouvert au commerce, par les Turcs. Il fallait donc prendre les Messageries maritimes ; mais à Marseille, le jour où nous allions retenir nos places, nous rencontrâmes un Hollandais, capitaine d'un vapeur à destination de Kamaran. Cette île de Kamaran, nous disait le capitaine, est à quelques lieues seulement d'Hodeïdah, de sorte que le voyage pour nous y rendre ne serait qu'une simple et intéressante promenade ; de plus,

1. Perim Island.

disait le capitaine, « mon bateau part après-demain, c'est-à-dire quatre jours avant les Messageries, vous aurez donc toute chance d'arriver en Arabie avant elles ». Il ajoutait : « Et cela vous coûtera la moitié moins ». C'était nous dire : « Prenez mon ours » et nous le primes ; nous eûmes tort. Nous restâmes seize jours en route, juste le temps d'aller et de revenir. Le bon marché est toujours cher.

L'île de Kamaran, où nous arrivâmes enfin, est une île historique ; cet îlot, formé de madrépores et de conglomérats de coquilles, est situé sous le 13° 0' de latitude nord, à quarante-cinq milles d'Hodeïdah, soit quatre-vingt-quatre kilomètres.

Aujourd'hui, l'administration sanitaire de l'empire ottoman l'a choisie comme le lieu le mieux situé et le plus propice à l'installation d'un vaste lazaret pour les pèlerins de La Mecque. Ce lazaret devra contenir six mille pèlerins ; c'est dire que l'administration sanitaire entreprend là une besogne gigantesque, qui demandera de longues années pour être menée à bonne fin.

Kamaran a un très beau port, aux eaux tranquilles par tous les temps, et où barques et vaisseaux trouvent un abri sûr. Outre le port proprement dit, un vaste bassin compris entre l'île et la terre ferme constitue une rade bien abritée où les navires peuvent relâcher en tout temps; puis le village de Salif, situé en face de l'île, possède des salines d'une richesse énorme. Les bancs de sel, qui mesurent de quatre à neuf mètres d'épaisseur, s'étendent sur sept à huit kilomètres. Ces salines sont exploitées par la Turquie et ont dû l'être dans l'antiquité par les Yéménites, les Abyssins et les Persans; elles ajoutent donc à l'importance de Kamaran. Aussi les Anglais, qui ont des vues sur le Yémen, et qui le posséderont probablement un jour, ont-ils déjà marqué sur leurs cartes Kamaran comme possession anglaise.

Cette île fut occupée par les Abyssins en 525, et plus tard, en 575, par les Persans, qui y construisirent un fort. Les Portugais sous Albuquerque, en 1490, vinrent occuper l'île et réparèrent le vieux fort. On considérait donc Kamaran comme une station de premier ordre. – Voici la plage de débarquement de Kamaran, avec le wharf, la maison de l'administrateur de la compagnie sanitaire, une partie du village et la campagne déserte qui l'entoure; nulle animation, nul mouvement, point de vie: près de la rive, quelques sambouks à l'ancre se balancent au gré du vent, inoccupés, attendant la saison de pêche. Dans le village, de maigres Arabes, aux vêtements sordides, vaquent lentement à leurs affaires, pendant que de rares silhouettes de femmes se montrent timides et prudentes à l'entrée des gourbis pour jeter un regard anxieux sur l'étranger qui passe… Quelle tristesse !

Il nous fallut attendre huit jours, que le vapeur hollandais mit à son déchargement ; car, incident fâcheux, on avait mis à fond de cale notre matériel, qui fut débarqué le dernier.

Or, la vie à Kamaran n'avait rien de séduisant ; la chaleur y était affreuse, la cuisine que nous faisait une Italienne, atroce : nous couchions sur la dure dans l'usine frigorifique inachevée, et nous n'avions pour distraction que de parcourir les rivages de l'île, à la poursuite des mouettes et des bécassines.

Ce fut dans le cours de ces excursions que nous visitâmes la grande et unique kouba de Kamaran, construite en l'honneur de je ne sais plus quel saint *marabout*, et placée au milieu d'un maigre bosquet de palmiers entretenus à grands frais avec de l'eau de puits.

C'est toujours le même édifice à coupoles, avec la tombe du saint délabrée, couverte d'étoffes de soie effiloquées et de vieilles tapisseries aux couleurs fanées. – Incident comique, l'âne de l'administrateur du lazaret, placé sur le premier plan, nous regarde et anime le tableau. – Cependant nous ne pouvions nous éterniser à Kamaran, et nous nous occupâmes d'organiser le départ. Nous avions à choisir entre deux voies pour gagner Hodeïdah : le désert ou la mer. D'un côté, c'était la charmante promenade que nous avait promise le capitaine hollandais, ou bien la mer sur un sambouk non ponté, avec vent debout et de trois à cinq jours de tourmente.

Le désert avait son charme, quoique la promenade fût de quatre-vingt-quatre kilomètres par une chaleur de trente-cinq degrés, avec surprises de bédouins pillards qui tenteraient certainement de nous dévaliser ; la mer en manquait totalement, sur ces petits bateaux à l'allure fine mais traîtresse et qui se cabrent devant la houle comme un cheval emporté.

À quoi se résoudre ? Nous demandions vainement conseil aux gens de l'endroit. Prenez le désert, disait l'un ; prenez la mer, disait l'autre. Nous n'en sortions pas. C'était le : *Mariez-vous, ne vous mariez pas*, de Panurge.

Un incident nous fit choisir le désert : en face de Kamaran, sur la terre ferme, à Salif, dont nous avons déjà parlé, les salines sont exploitées par l'administration ottomane ; parmi les employés se trouvaient deux Français, dont l'un, M. Ribeyron, voulut bien s'occuper d'organiser notre petite caravane. Il devait nous avertir aussitôt qu'elle serait prête. Outre les chameaux de charge, nous aurions des ânes comme montures, et, pour nous donner plus de sécurité, un jeune Turc de Kamaran, fils d'un haut personnage de l'administration, devait se joindre à nous pour en imposer aux malandrins ; nous étions, du reste, armés de winchesters, de fusils de chasse et de revolvers : qu'avions-nous à craindre ? Il fut décidé que nous prendrions le désert.

Nous en étions là, quand une lettre venant de Salif nous avisa que la caravane était prête et que les chameaux et les bédouins nous attendaient. Cette lettre, non signée, nous surprit ; elle arrivait bien tôt et sans avis : nous crûmes cependant qu'elle venait de notre ami de Salif, et, du reste, nous ne pouvions hésiter. Un sambouk fut immédiatement arrêté. Ce bateau, prêt en quelques minutes, nous attendait à la petite jetée, vers laquelle nous nous dirigeâmes aussitôt ; mais, au moment d'embarquer, nous cherchâmes vainement le jeune Turc qui devait nous accompagner : point de Turc, cela jeta un froid. Il a dû, nous dit-on, retarder son voyage ; évidemment il y avait là quelque chose de louche. Nous pensâmes néanmoins qu'à Salif nous aurions des renseignements plus précis.

Nous partîmes et n'atteignîmes l'autre côté de la baie qu'à six heures. La nuit était venue rapide, le crépuscule n'existant pas sous les tropiques : il faisait donc à peu près noir. Nous avions abordé à un quai de débarquement absolument désert ; il n'y avait personne pour nous recevoir. Nous nous promenions inquiets de cette solitude, quand parurent tout à coup quelques bédouins à figures sinistres, suivis de trois chameaux dont les silhouettes grotesques se dessinaient dans la pénombre. C'étaient nos hommes, nos conducteurs, nos chameliers, qui se précipitèrent aussitôt sur nos bagages.

— Et les ânes ? demandâmes-nous en arabe.

— *Mafish*, il n'y en a pas (Mafish c'est le *makach* d'Algérie).

— Pas d'ânes ? Alors, comment ferons-nous ?

— Vous ferez la route à pied.

La route à pied ! la nuit ! Quatre-vingt-quatre kilomètres par trente-cinq degrés de chaleur ! Et pas de nouvelles de M. Ribeyron !

Cela ressemblait fort à un guet-apens. Un homme vêtu à l'européenne vint à passer : c'était un Italien employé dans les salines. Il parlait heureusement le français.

— Connaissez-vous M. Ribeyron ? lui dis-je.

— Parfaitement.

— Conduisez-nous près de lui, je vous prie, et donnez l'ordre à ces bédouins de suspendre le chargement.

Arrivés près de M. Ribeyron, nous lui contâmes notre histoire, en lui demandant des détails sur l'organisation de la caravane. Il ignorait absolument de quoi il s'agissait et cherchait à deviner qui avait pu imaginer ce complot, car il devenait évident pour lui, comme pour nous, qu'on avait arrangé cette affaire pour nous attaquer dans l'obscurité, où nous n'eussions pu faire usage de nos armes, nous dépouiller et nous assassiner. Puis nous tombâmes d'accord pour en laisser toute la responsabilité à ce jeune Turc de bonne famille qui devait nous accompagner. Nous avions de nombreux bagages, on nous croyait de l'argent, et la spéculation était bonne.

Bref, les bagages furent entassés dans la maison de l'Italien, et, résolus de gagner Hodeïdah par mer, nous envoyâmes un express à Kamaran, chargé d'arrêter un grand sambouk et des Arabes pour nous conduire à la ville. Nous passâmes donc la journée à Salif, où l'un des employés des salines, un Arménien, nous raconta que notre histoire était la sienne, car lui-même, l'année précédente, avait été victime d'un complot du même genre, où il avait failli succomber.

Parti de Salif en plein jour, il fut attaqué dans l'après-midi par une bande de bédouins, se défendit comme un diable et reçut trois balles dont l'une, très dangereuse, dans le cou; mais il tua l'un des agresseurs, en blessa deux autres, et le reste s'enfuit. Plus tard, à Hodeïdah, un dominicain, le père Justinien, nous dit qu'il avait également été arrêté dans le désert, qu'on l'avait dépouillé, mis à nu, et qu'il dut se jeter à la mer pour échapper aux violences de ces malfaiteurs. On voit par là quel joli conseil on nous avait donné de prendre la voie du désert. Le soir du même jour arrivait le sambouk demandé à Kamaran et nous filions sur Hodeïdah.

La traversée fut affreuse ; nous avions une mer démontée, avec vent debout, et le sambouk faisait des bonds à nous briser les côtes et à nous démancher l'estomac. Jamais nous n'avions subi de telles épreuves, et, malgré notre entraînement de vieux marins, nous fûmes malades comme des conscrits. Ce supplice dura cinquante-deux heures, et ce ne fut que le troisième jour que nous aperçûmes Hodeïdah.

De loin, la ville, dont les maisons bordent la plage, semble très importante et de grandes bâtisses à plusieurs étages ont des apparences de palais ; c'est bien apparences qu'il faut dire, car les intérieurs, ainsi que nous le vîmes plus tard, sont, à de rares exceptions, de véritables écuries.

La plage de débarquement où nous jetâmes l'ancre est située à l'extrémité nord de la ville, près de l'entrepôt de la douane, où passent toutes les marchandises. Avec une grosse mer, et c'était le cas, c'est un désordre, un bruit, un tohu-bohu à ne rien entendre. Les barques s'agitent, sautent, chassent et se heurtent au milieu des cris et des imprécations des matelots. Quant à nous, nous attendons. Nous attendons, car il n'y a ni chaussée, ni quai, ni appontement, ni endroit quelconque où mettre le pied, et comme la mer est affreusement houleuse, ce sont des Arabes qui, dans l'eau jusqu'au cou, ou bien à la nage, viennent aux sambouks pour en extraire à bout de bras les marchandises et les gens. Notre débarquement fut étrangement difficile ; ce n'était pas la mer qui nous arrêtait, car nous aurions pu, tout aussi bien que les Arabes, gagner le bord à la nage, mais le chef de la police s'y opposait et parlait tout simplement de nous renvoyer à Kamaran.

Nous eûmes alors recours à M. Caracanda, négociant grec, vieil habitant de Hodeïdah, sur lequel nous avions une traite et qui devait attendre notre arrivée. Nous lui fîmes passer un billet par l'un de nos matelots, et, quelques minutes plus tard, il arrivait à la plage, accompagné du père Justinien, religieux dominicain en mission à Hodeïdah.

Il y eut de longs pourparlers avec les autorités présentes, qui réclamaient obstinément des passeports que nous n'avions pas. Nous fîmes savoir à Caracanda que, à défaut de passeports, nous avions des lettres pour le gouverneur général du Yémen : nous les lui fîmes passer par l'un de nos hommes. Caracanda disparut un instant et revint avec un permis de débarquer.

Mais ce fut avec toutes les peines du monde que nous pûmes toucher terre.

Nous voici donc en ville, et logés dans un vaste édifice appelé le Casino, autrefois demeure d'un riche Arabe, aujourd'hui servant de café aux officiers de la garnison et d'auberge aux rares voyageurs. On nous installe tout en haut de la maison, dans une immense pièce garnie de divans sur trois côtés, où nous dormirons au lieu et place des anciennes aimées qui les occupèrent avant nous. C'était bien, en effet, l'appartement des femmes, le harem.

Nous nous y installons sur l'heure, harassés que nous sommes par l'abominable traversée que nous venons de faire. Ces divans sont durs, et ils n'en seraient que meilleurs, s'ils n'étaient prodigieusement habités. Impossible de reposer. Il nous fallut faire monter des lits de camp, qui, placés au milieu de la pièce, étaient plus faciles à surveiller. Nous pûmes enfin dormir.

Quelques heures de sommeil nous mettent sur pied, et nous allons nous occuper de la ville et en photographier les points les plus intéressants.

Notre maison donne sur la mer, heureusement, car nous avons la brise du large, qui rend la chaleur supportable et la vue de la grande bleue, toujours si variée d'aspect dans son immensité ; nous avons le passage, le va-et-vient des barques, ces sambouks si durs aux navigants, mais qui tiennent admirablement la mer et dont les formes sont les plus élégantes qui se puissent voir.

La maison qui nous avoisine est l'une des plus grandes et des plus belles de la ville : elle appartient à Sidi Aaron, riche négociant arabe. Elle regarde la mer comme la nôtre et se trouve placée entre le Casino et le Divan ; l'ornementation semble des plus riches, mais ce n'est en somme qu'une surcharge d'appliques en plâtre représentant toutes espèces de motifs assez grossièrement exécutés, arabesques, rinceaux entrelacés, palmettes, rosaces, etc. ; c'est du stylo indo-arabe, conséquence des anciennes relations commerciales de l'Arabie avec l'Inde et de l'invasion continue de l'élément hindou dans le Yémen.

Mais ces demeures sont loin d'offrir la physionomie et les détails artistiques si délicats du stylo arabe, en Afrique ; nous dirons plus tard pourquoi.

La maison qui nous occupe contient une cour intérieure, sorte de patio disposé comme une mosquée, avec bassin pour les ablutions et *mirhab*, niche indiquant la direction de La Mecque, pour la prière. Cette cour est pavée d'un dallage noir et blanc en damier et entourée d'un portique soutenu par de fines colonnettes de bois à chapiteaux cubiques élégamment sculptés.

Nous assistons aussi, du haut de notre demeure, à un spectacle des plus intéressants : c'est la construction d'une digue, travail le plus curieux qui se puisse imaginer.

On a élevé le long du rivage une estacade formée de pieux enchevêtrés, pour défendre les maisons contre l'envahissement de la mer. Comme on peut le voir dans la petite vue que nous donnons de cette scène, les pieux enchevêtrés formant caissons sont remplis de galets et de cailloux. Or, cet ouvrage de défense est journellement et incessamment attaqué par la mer, qui arrache les pieux et entraîne les galets. Eh bien, on n'a trouvé rien de mieux, pour réparer les dégâts, que d'installer une équipe de sept esclaves noirs, pas un de plus, dont trois plongeurs, pour repêcher les galets que la mer entraîne, galets qu'ils passent à deux de leurs collègues, lesquels les repassent aux deux autres, qui perchés sur l'estacade remettent les galets en place. Inutile d'ajouter que la mer détruit au fur et à mesure qu'on le répare ce travail peu coûteux, bien arabe, qui d'un bout de l'année à l'autre occupe ces malheureux et qui peut, sans erreur, s'appeler un travail de Sisyphe.

Hodeïda est aujourd'hui le centre unique du commerce maritime de tout le Yémen ottoman, depuis la décadence de Lohiya, et de Moka. La ville proprement dite, composée de maisons en pierre à plusieurs étages, est entourée, sauf du côté de la mer, d'un mur d'enceinte fortifié. Au sud et à l'est s'étendent les faubourgs, consistant, comme tous les villages du Tehama (partie désertique du Yémen qui longe la côte de la mer Rouge), en arwash (au singulier arish), ou huttes de branches entrelacées. La vue de ce dernier faubourg est rendue pittoresque par l'étrangeté des demeures, par le va-et-vient des Arabes, hommes, femmes et les petits enfants nus, leurs mères en costumes sombres avec le voile noir qui masque entièrement la figure, ne laissant que deux trous pour les yeux. C'est aussi le passage des chameaux chargés de broussailles, sous lesquelles ils disparaissent et ressemblent à quelque étrange animal fossile, ou bien à un énorme buisson mouvant. Ces broussailles servent précisément à la construction et à la réparation des arwash, et leurs débris à la cuisson des aliments. Plus bas, sur le rivage, au bord de la mer, se trouvent les chantiers des boutres ou plutôt de ces sambouks de si grande élégance dont nous avons parlé tout à l'heure.

L'ensemble de la ville ne présente rien de particulièrement intéressant; les rues, non pavées, sont des cloaques en temps de pluie; nul alignement; la plupart des demeures n'offrent qu'un mélange de cabanes et de maisons à plusieurs étages au-dessus desquelles planent éternellement, en leurs vols circulaires, vautours noirs, jaunes et blancs, ainsi que des petits aigles gris préposés au nettoyage des rues. Ces maisons possèdent les salles longues et irrégulières des demeures arabes, avec leurs escaliers étroits, raides, à marches inégales, et leurs pièces, quoique au même étage, situées à des niveaux différents. Les mosquées, fort nombreuses, sont pauvres, et les minarets n'ont rien d'élégant.

On peut cependant de certains points relever des panoramas intéressants. En voici deux qui nous montrent les maisons à terrasses où les ménagères arabes font sécher leur linge, et où d'autres sont surmontées de constructions légères en roseaux, vastes pièces ouvertes à tous les vents, refuges des habitants qui viennent y dormir pendant les nuits d'été où le thermomètre monte à quarante-cinq ou cinquante degrés. Le climat d'Hodeïdah est fort insalubre : la fièvre paludéenne y règne en toutes saisons, ainsi que la dysenterie et la *dingue*, fièvre peu dangereuse, mais qui vous paralyse pendant un mois ; aussi nombre d'habitants étrangers, pour échapper à la malaria ou se rétablir, se rendent-ils dans la montagne, à Menakhah, où un séjour de quelques mois les refait complètement.

Nous ne dirons qu'un mot du souk, bazar ou marché qui rappelle tous les marchés arabes ; ruelles fangeuses plus ou moins étroites, abritées par des toiles en loques ou de vieux paillassons, et que bordent des échoppes de un ou deux mètres carrés, précédées d'éventaires où s'étalent des marchandises infimes, des sucreries peu ragoûtantes, des gâteaux nauséabonds, des galettes graisseuses, des bananes, des dattes et des fruits avariés. Une population loqueteuse encombre les étroites avenues, flâneurs, marmailles aux figures barbouillées, marchands ambulants offrant des tapis, de vieilles armes et des narguilés. Et cependant le soleil, qui lance ses rayons d'or au milieu de ces fanges, prête à ces lieux désolants, un charme que l'on retrouve dans les plus humbles comme dans les plus luxueux bazars orientaux. Il suffit, en effet, dans ces clairs-obscurs, d’une tunique orange, d’une veste bleue, rouge ou verte, pour jeter dans ce tableau des effets de lumière surprenants, qui poétisent jusqu’aux plus immondes guenilles.

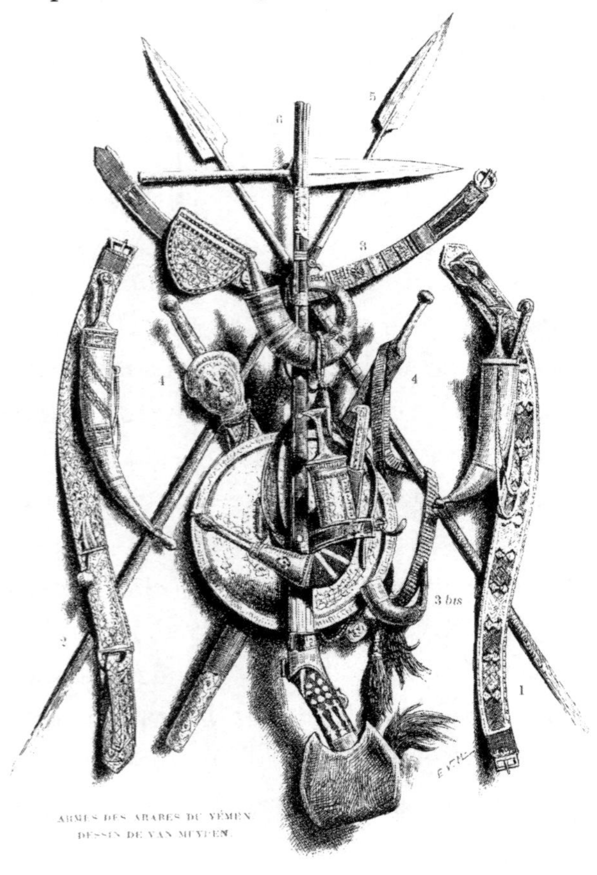

ARMES DES ARABES DU YÉMEN
(DESSIN DE VAN MUYDEN).

Les armes arabes et bédouines du Yémen méritent qu'on en dise quelques mots ; nous en donnons une panoplie où se distingue :

– Numéro un, le *hizam*, ceinture de cuir revêtue intérieurement d'une étoffe de poil de chameau tissée d'or et d'argent. Dans la ceinture est passé le large poignard à lame courbe appelé *djambieh*, à manche court, en corne, orné de filigranes et de pièces de monnaies anciennes. Le fourreau du *djambieh* est en argent doré, rehaussé d'élégantes filigranes et de pierres précieuses. Dans un petit appendice du fourreau, un couteau à lame droite, à manche d'argent ciselé, le *sekhên*.

– Le numéro deux est une autre forme du *djambieh*, à lame droite et allongée ; cette forme, plus indienne qu'arabe, était portée de préférence par les anciens imams de Sâna, avant la conquête turque.

– Le numéro trois est un ceinturon, *sabtah*, en cuir recouvert de lames d'argent, qui portait la poire à poudre, *iddah*, en forme de corne de bélier, et la cartouchière demi-ovale, contenant les balles, avec un sachet pourvu d'un briquet et de silex de rechange. La poire à poudre et la cartouchière sont en cuivre gravé, ou en argent avec filigranes.

– Le numéro trois bis est un baudrier appelé *mandjed* ; il porte une petite corne recourbée, *madskhar*, pour la poudre fine destinée à servir d'amorce sous le feu de la mèche.

– Les numéros quatre sont des sabres droits, à un seul tranchant, à poignées d'argent ciselé, à fourreau de cuir ou d'argent, appelés *seif* ou *djirda*.

– Le numéro cinq est une lance ordinaire, *harba* ; plus courte, elle s'appelle quelquefois *ghariz* ou *hadibi*, suivant les localités.

– Le numéro six est un fusil à mèche, appelé *boundoukieh*. La crosse, ornée d'appliques d'argent, est entourée d'un tampon recouvert de peau de chèvre ou de panthère, destiné à amortir le choc produit par le recul contre l'épaule du tireur. Le canon est orné aux deux bouts d'incrustations et d'appliques d'or massif.

La mèche s'abaisse sur la poudre d'amorce, à l'aide d'un levier recourbé que l'on presse avec le doigt comme la détente des fusils européens, mais sans ressort.

À Hodeïdah, nous sommes dans la métropole du café d'Arabie, le moka. Hodeïdah et Aden se partagent ce commerce et font à peu près le même chiffre d'affaires, c'est-à-dire huit millions chacune. Le moka n'est donc pas un mythe, et, si on le veut bien, on peut s'en procurer. Il y a du reste, dans ces cafés du Yémen, une foule de variétés et de qualités, comme dans les tabacs de La Havane ou les vins de France, mais avec un écart moindre dans les prix, puisque l'on vend à Cuba des cigares du pays depuis cinq centimes jusqu'à cinq francs la pièce, et que nos vins varient de quarante francs à deux et trois mille francs la barrique.

Il s'agit donc, en fait de café, de s'assurer de la provenance et de la qualité ; c'est le résultat d'une longue habitude. Les Hindous, les Parsis et les Banians ont à peu près monopolisé ce courtage, dans lequel la plupart ont amassé une fortune considérable.

Les négociants de Hodeïdah sont juifs, Grecs ou Italiens ; il n'y a pas un Français ; il n'y a pas non plus d'Allemands ni d'Anglais; ceux-ci se contentent, d'Aden, de faire surveiller la ville par deux espions.

Les cafés arrivent par moitié environ décortiqués, et l'autre moitié en fruits desséchés au soleil: il faut donc trier les uns et décortiquer les autres. À cet effet, chaque maison a ses escouades de travailleurs et de travailleuses, libres ou esclaves, nègres ou hindous, mais peu ou point d'Arabes.

Les femmes sont en majorité, et procèdent au triage des grains, travail doux et facile où elles se font aider par leurs enfants. Aux hommes incombe la rude besogne de la décortication, qui s'obtient au moyen de moulins composés d'un plateau en pierre et d'une large meule que deux Noirs vigoureux manient à tour de bras.

Le café sort de là légèrement éprouvé; quelques grains ont été brisés, mais rien n'est perdu de la précieuse marchandise, dont les débris se consomment sur place. Quant au péricarpe, il est soigneusement recueilli et se vend aux Arabes, qui le préfèrent au grain et dont ils composent une infusion appelée *kichr*, que l'on trouve dans tous les établissements de café de l'intérieur. On cite même certaines espèces de péricarpes qui se vendent aussi cher que le café de meilleure qualité.

Maintenant, le moka est-il aussi bon qu'on le dit ? Oui, mais cela dépend beaucoup de la manière de le préparer, torréfaction et infusion.

À Hodeïdah, l'eau est mauvaise ; comme dans tout l'Orient, on brûle trop la fève et on la réduit en farine, ce qui lui enlève une partie de ses qualités. Dans cette ville et dans toutes les villes arabes, on consomme du café jusqu'à l'abus ; on ne saurait entrer dans une maison sans qu'aussitôt on vous apporte cette éternelle et microscopique tasse d'une infusion toujours trouble, sur un fond de marc. Eh bien ! ce café est mauvais, la manière de le préparer défectueuse et, devrions-nous encourir la colère des amateurs du café arabe, nous déclarons préférer cent fois notre café limpide et parfumé ; pour le faire, il n'est rien de plus simple et de meilleur que le vieux filtre français en faïence, qu'aucun nouvel appareil russe, anglais, germain, ne saurait jamais détrôner.

Le produit qui vient en seconde ligne après le café, c'est le cuir, qui s'exporte en assez grande quantité, cuirs de moutons et de chevreaux principalement. Un autre produit constituerait, au dire de certains négociants, un article d'exportation des plus avantageux : ce serait, avis aux ébénistes, les loupes de noyer, dont le bois est semé de veines ; les plus admirables qui se puissent voir ; mais le transport de ces bois, de la montagne à la côte, rendrait ce commerce très difficile.

Pour tout ce qui touche aux menues transactions dans le Yémen, on se sert de la monnaie divisionnaire turque, la piastre, valant vingt et un centimes ; pour les gros achats, on se sert quelquefois de la livre turque en or, valeur vingt-deux francs soixante-quinze ; mais la monnaie courante, c'est, chose bizarre, le thaler autrichien à l'effigie de Marie-Thérèse, que l'on frappe spécialement pour le Yémen et la côte orientale de l'Afrique, que les Arabes appellent *talari* et qui vaut, selon le change, de deux francs soixante à deux francs quatre-vingts.

Comme commerce d'importation, nous avons les étoffes bon marché, cotonnades anglaises, allemandes et américaines ; le pétrole essentiellement américain et quelques conserves. Il faut citer aussi la contrebande d'armes et de munitions qui se pratique en grand sur toute la côte.

Chaque soir, des caravanes chargées des produits cités plus haut quittent Hodeïdah pour alimenter les villes de l'intérieur, où les principaux négociants ont des succursales, à Menakhah, Sâna, Kaukaban, Dgebi,

Beit-el-Fakih, etc., et nous donnons le départ d'une de ces caravanes, le soir, au nord de la ville où l'on aperçoit une longue file de chameaux, un cimetière sur la droite et comme fond, le Tehama, la vaste campagne déserte.

Plusieurs fois, dans nos pérégrinations, nous avions été poursuivis par les injures et les malédictions de quelques Arabes; on nous avait avertis de nous tenir sur nos gardes, mais nous n'en tenions aucun compte; les gens des hautes classes étaient, du reste, polis et prévenants pour nous: la municipalité se mit à notre disposition; le maire de la ville, un riche et vénérable Arabe, nous envoyait de la glace tous les jours, et lorsque nous allions flâner dans l'après-midi sur la grande place en dehors des murs, la foule, se montrait plutôt bienveillante.

On débouche sur cette place en sortant du marché, par la porte principale qui regarde l'Orient; on l'appelle aussi la porte du Gouverneur. C'est là que se tiennent les débits où se réunissent des hommes appartenant à toutes les conditions, Arabes riches et pauvres, commis et marchands.

On y joue aux cartes, aux dames et aux échecs. C'est là que chaque soir, à partir de quatre heures, les oisifs viennent entendre la musique militaire et prendre le frais. Cette musique ne vaut certes pas celle de la garde républicaine et rappelle trop les bruyantes cacophonies des foires, mais elle suffit à charmer, ses naïfs auditeurs. Elle commence maison de Sânaet termine par l'hymne au Sultan, que les soldats accompagnent de leurs vociférations et que le public écoute debout.

Comme un jour, dans un café, en face de la grande porte, nous assistions à cette petite cérémonie, le général, qui nous aperçut, envoya l'un de ses officiers pour nous prier de vouloir bien venir près de lui : nous y allâmes. Il nous accueillit le mieux du monde, fit apporter une table, des sièges et nous fit servir du café et des cigarettes ; puis il donna l'ordre au chef de musique de faire jouer la *Marseillaise*, que nous écoutâmes debout, après quoi nous le remerciâmes cordialement.

La foule y est grande, bariolée, composée de gens de tous les pays, mais où dominent les types orientaux ; on y voit des bédouins, des Arabes, des nègres, des Abyssins, des Banians, des Hindous, des Italiens, des Grecs et des Turcs, ces derniers maîtres du Yémen, tous, ainsi que leurs employés, en tunique et coiffés du tarbouch.

Les cafés sont pleins; au milieu de la place, de petits garçons accroupis derrière leurs éventaires débitent des gâteaux, des sucreries et des cigarettes; peu de femmes, toutes voilées en noir, pauvres, mal vêtues et sans charme. Une nuée de mendiants se faufilent sordides au milieu des groupes; aveugles, culs de jatte, estropiés de toutes sortes, mais cédant le pas à deux énergumènes, deux êtres étranges, espèces de fous, effroyables fakirs, dont l'un, couvert de chaînes énormes qu'il porte avec effort, s'agite en repoussantes convulsions, fou dangereux peut-être, dont les chaînes paralysent les mauvais instincts, tandis que l'autre promène grimaçant sa tête d'illuminé à travers la foule, qu'il asperge, de-ci de-là, d'un jet de salive. Certains acceptent avec philosophie cette manne d'un nouveau genre; mais nous fuyons en hâte à son approche, redoutant le cadeau du saint homme.

On pourrait se demander à ce sujet, quels sentiments les Arabes éprouvent pour les fous: est-ce de la sympathie, de la crainte ou du respect?

D'aucuns disent qu'ils les vénèrent comme des amis de la divinité, et ce que nous avons maintes fois observé sur la place d'Hodeïdah ne nous dirait rien de semblable: c'était une moquerie devant les contorsions des malheureux, des éclats de rire devant leurs saillies et la fuite devant leurs menaces; mais rien, absolument rien du respect que devrait inspirer un ami des dieux.

De sorte qu'on pourrait en conclure qu'à l'imitation des peuples et des grands seigneurs d'autrefois, qui eurent des bouffons, des idiots et des fous pour leur amusement, à l'imitation des empereurs d'Orient qui vers le VIIIe siècle en consacrèrent la coutume, les Arabes gardent aussi les déséquilibrés pour leur amusement, les laissant libres quand ils sont inoffensifs, comme le bénisseur dont nous fuyions les approches et les couvrant de chaînes comme notre fakir, quand ils les jugent dangereux.

En se dirigeant au nord, sur cette grande place, on se trouve devant une seconde porte, la porte Makla, qui semble une copie de la première et dont les tours, couronnées d'abris en roseaux comme dans la précédente, servent de logis aux soldats de la garnison. Au dehors sont les faubourgs, composés en grande partie de huttes arabes mêlées de quelques maisons, et plus loin, sur la route de Sâna, un dernier village avec le minaret de sa mosquée accompagné d'un maigre bosquet de palmiers. Plus loin, c'est toujours le Tehama, le désert : désert qui tend à s'accroître tous les jours, puisque cette immense étendue de sable, n'est que le résultat du soulèvement continue des côtes de la mer Rouge.

2

Le Tehama, que nous allons traverser pour nous rendre à Sâna, est la zone des plaines désertiques s'étendant comme une bordure de quatre-vingts kilomètres environ de largeur moyenne au pied de la chaîne de hautes montagnes qui enserre toute la péninsule. La végétation des steppes couvre cette immense plage sablonneuse, graduellement abandonnée par la mer Rouge. Des buissons bas de *bockar* et de *toummam*, graminées à chaumes raides et enchevêtrés, revêtent le sol d'un manteau de verdure grisâtre, dominé çà et là par des fourrés d'*asal*, espèce de soude dont le feuillage sombre paraît presque noir par contraste. Par la combustion de l'asal dans des fosses, les Arabes du Tehama obtiennent une masse noire contenant une forte proportion d'alcali, qui sert à la fabrication du savon. Le bockar et le toummam fournissent du fourrage pour le bétail, un combustible pour les feux de campement, enfin des matériaux pour la construction des huttes.

Dans ces plaines torrides du Tehama, où l'ardeur du soleil peut occasionner des accès de fièvre, et même des congestions mortelles, les marches se font habituellement de nuit, et ce fut, suivant l'usage, au coucher du soleil, quelques instants avant que la voix des muezzins s'élevât des minarets pour appeler les fidèles à la prière du maghreb, que nous partîmes d'Hodeïdah. Notre petite caravane, composée de cinq chameaux portant les bagages et de leurs conducteurs, a pris les devants. Nous ne tardons pas à la rejoindre à l'allure rapide de nos excellentes mules, louées au prix d'un thalari chacune par jour, pour tout le voyage. Le muletier Ali Mabari et deux domestiques, l'un indigène, l'autre égyptien amené du Caire, nous accompagnent, montés sur des ânes. La route d'Hodeïdah à Sâna étant très fréquentée et parfaitement sûre, du moins à l'époque de notre voyage, nous avons refusé l'escorte de deux soldats de police *(zaptiés)* que nous offrait le gouverneur.

Au sortir de la ville, le regard s'étend à porte de vue sur la solitude morne des steppes. Les derniers feux du jour, qui embrasent l'occident, colorent le paysage d'une pourpre affaiblie, passant graduellement au violet pâle. Dans la vapeur légère qui s'élève du sol échauffé, les contours imprécis des objets prennent des apparences fantastiques. Mais bientôt tout s'efface dans l'opacité d'une nuit sans lune. Nous n'avançons qu'avec lenteur, et les chameliers ont besoin de toute leur attention pour ne pas s'égarer au milieu de ces plaines sablonneuses dont rien n'interrompt la monotone uniformité. Deux heures et demie de marche nous suffisent cependant pour atteindre, à Mariam, le premier café ou *mikaye*. C'est une simple hutte de broussailles, une *ârisch*, où se débite cette boisson chaude, le *qischr*, préparée par décoction des enveloppes concassées de la graine du caféier. Après une courte halte, nous poursuivons notre route, et, deux heures plus tard, les aboiements lointains des chiens et les salves de coups de fusil d'une noce arabe annoncent l'approche do Merâwa, où nous arrivons à onze heures.

Le lendemain, à trois heures de l'après-midi, nous repartons, sous les rayons d'un soleil ardent. À mesure que nous avançons vers l'est, la plaine perd son aspect désertique. Voici des bosquets d'acacias et de jujubiers. Bientôt apparaissent les premiers champs de sorgho *(dourrah)*. À quatre heures nous laissons à gauche le dôme blanc d'une petite koubbeh ; peu après nous traversons le village d'El-Goudhâ, où nous nous restaurons de quelques tasses de qsichr. Enfin, vers huit heures, nous atteignons les premières collines de la région montagneuse, au pied desquelles est assise la petite ville de Bâdjil, où nous passerons la nuit et la journée suivante.

Au-delà de cette ville, le chemin des caravanes remonte la vallée, encaissée par des montagnes schisteuses de trois à quatre cents mètres d'élévation. Sur ces hauteurs, on aperçoit de nombreux villages et une foule d'habitations disséminées. Déjà les maisons en pierre et les *burgs* ou châteaux forts du pays gebeli se substituent aux huttes du Tehama. Le soir, nous faisons halte au mikaye de Bahâ, à quelque distance du village, qui s'élève sur la colline à notre droite. Le lendemain matin, nous cheminons dans la direction de l'E.-S.-E., à travers des campagnes fertiles où paissent des troupeaux sous la garde de leurs pâtres. Ceux-ci ne sont pas des nomades, mais des villageois sédentaires. Vêtus de la *foûtah*, pièce de cotonnade rayée qui s'enroule autour des reins, coiffés du *dismâl*, espèce de turban d'étoffe teinte à l'indigo, armés du djembieh, large poignard à lame courbe passé à la ceinture, quelques-uns portant la djirda, sabre droit à fourreau de bois suspendu sous l'aisselle par un cordon en sautoir, et la *harba*, lance à fer non barbelé, ils nous saluent d'un bonjour amical. – *Salâm aleikoum* (salut à vous), – *marhaba* (je suis votre serviteur), sont les formules les plus usitées. Les femmes ont le *cherwâl*, ou *sirwâl*, pantalon rétréci aux chevilles, le *thaub*, sorte de robe ou blouse longue en cotonnade bleue, enfin, pour coiffure, un petit chapeau de paille conique à larges bords.

Nous arrivons au coucher du soleil à Hodjeylah, misérable bourgade d'une centaine de huttes, où se tient chaque jeudi un marché très fréquenté. Ici le paysage revêt un charme inexprimable. Ce ciel si pur, le décor grandiose des cimes couvertes de forêts, les merveilles de la végétation tropicale déployant dans les vallons toute sa variété, éveillent une délicieuse impression de douceur et de grâce. Des papillons diaprés, des oiseaux aux couleurs vives animent les bosquets. Dans les gorges ombreuses, des ruisseaux d'une eau limpide baignent les massifs d'un élégant arbrisseau à fleurs blanches pelucheuses qui joue ici le rôle du laurier-rose au bord des torrents de la

Grèce. Quelquefois, ces petits cours d'eau tombent en fraîches cascatelles du haut des blocs de rochers ; ailleurs, ils s'épanchent en nappes dormantes au milieu des renoncules, des souchets éventails et des prêles. Seuls, quelques singes cynocéphales – hamadryas ou babouins – troublent de temps à autre de leurs cris rauques la profonde paix de ces forêts édéniques. Au-dessus du ouadi Brâr, où nous nous engageons au sortir d'Hodjeylah, s'élèvent les contreforts boisés du djebel Sâfàn, au sommet desquels on distingue de nombreux villages, perchés sur des crêtes qui semblent inaccessibles. Leurs hautes maisons de pierre, leurs tours percées de meurtrières et d'étroites fenêtres, évoquent le souvenir des ruines féodales des bords du Rhin. Ici, comme en Allemagne, ces villages fortifiés prennent le nom de burgs *(bordjs)*, qui dérive peut-être d'une racine sanscrite commune.

Laissant le ouadi Brâr à notre gauche, pour gravir un sentier en lacet, nous commençons la pénible ascension du djebel Oussil, et bientôt nous atteignons les premiers caféiers, à mille deux cents mètres au-dessus du niveau de la mer. Toute la montagne est couverte de plantations en terrasses étagées, maintenues par des murs de soutènement en pierres sèches de six à huit mètres d'élévation. Une végétation exubérante s'empare du moindre espace resté libre entre les cultures, se répand sur les talus en nappes touffues et borde le sentier de fourrés impénétrables. Au-delà des plantations de caféiers, la pente devient moins raide. Contournant les nombreux ravins qui s'ouvrent à la base des escarpements du djebel Masâr, nous arrivons au village d'Attâra, qui s'adosse à un rocher abrupt d'une soixantaine de mètres de hauteur, couronné par les ruines d'un ancien château fort.

En sortant d'Attâra, nous continuons à nous élever en biais sur le flanc méridional du djebel Masâr en remontant la rive droite du ouadi Ayiâsch, puis nous passons sur la rive opposée, où se montrent çà et là quelques bouquets de la grande euphorbe candélabre, dont les rameaux hérissés de robustes aiguillons sont gorgés d'un suc vénéneux riche en caoutchouc. De nouveaux lacets nous conduisent sur un plateau élevé, d'où la vue s'étend au loin sur les fertiles campagnes du ouadi Sahâm, bornées à l'horizon par la chaîne du djebel Boura et du djebel Reima.

Nous traversons le plateau en montant toujours jusqu'au niveau du col qui sépare le djebel Masâr du djebel Chibâm, à l'altitude de deux mille quatre cents mètres. La végétation change d'aspect et prend un caractère alpestre. De ce point élevé, une heure de marche fatigante par des sentiers à degrés taillés dans le roc sur le revers septentrional du Chibâm nous conduit à Menâkha, après avoir laissé à notre gauche le village juif de Lakame, qui n'est en réalité qu'un faubourg détaché de la ville.

Menâkha, chef-lieu de l'arrondissement du Harâz, est un bourg d'environ trois mille habitants, situé à deux mille trois cents mètres d'altitude, au pied des escarpements du djebel Kahel, contrefort boisé du Chibâm. Les maisons, élevées de deux ou trois étages sont bâties en moellons taillés de trapp, roche d'un vert clair tirée de carrières exploitées dans le voisinage. On peut y remarquer déjà ces fenêtres à vitraux de couleur enchâssés dans les mailles d'un grillage formant des dessins variés, que nous retrouverons à Sâna. L'ensemble des constructions tranche vivement sur la masse sombre de la montagne, et les minarets blancs des deux mosquées complètent l'harmonie du décor. L'administration ottomane a construit à Menâkha un bel hôpital militaire, une caserne et un divan. La ville est pourvue d'un bureau postal et télégraphique. Un marché public important se tient chaque dimanche.

Pendant notre séjour à Menâkha, nous fîmes l'ascension du djebel Chibâm, qui domine la ville à l'O.-S.-O. Sur la cime presque inaccessible de cette montagne, se dressent les ruines d'une ancienne forteresse arabe détruite par les Turcs. Du haut de cet observatoire, élevé de près de trois mille mètres au-dessus du niveau de la mer, le regard embrasse un des plus beaux panoramas du Yémen. À nos pieds, nous pouvions contempler tout le massif accidenté du Harâz, avec le dédale de ses vallées, ses forêts, ses plantations de caféiers, ses fertiles campagnes criblées de villages et d'habitations. Comme de la nacelle d'un aérostat, nous planions sur la ville de Menâkha, se dessinant avec la netteté d'un plan en relief au bord de la profonde coupure du ouadi Chidja. Au-delà, vers le nord-est, nous apercevions, dans tous les détails de sa topographie compliquée, la vaste dépression du Haimet, dominée à l'horizon par la chaîne principale, – le Serât – qui déroule la ligne uniforme de ses crêtes au dernier plan du tableau. Deux fortes étapes nous séparent encore de Sâna, but de notre voyage. La première nous mène en neuf heures de marche à Souq el-Khamiss (littéralement : marché du jeudi). Dans ce misérable village, composé de plusieurs groupes de maisons disséminées sur un contrefort du Serât, à deux mille trois cent soixante-treize mètres d'altitude, nous faisons pour la première fois l'expérience des *samsâres*, ou hôtelleries des hauts plateaux. L'unique logement mis à notre disposition consiste en une petite chambre à laquelle on accède par un perron à degrés en pierres grossièrement taillées.

Une odeur atroce nous prend à la gorge en pénétrant dans ce bouge, sous lequel on a ménagé une écurie basse où les buffles et les bêtes de somme croupissent dans l'ordure. Des légions de puces et de punaises nous tiennent éveillés toute la nuit. Cette vermine pullule à tel point que les indigènes eux-mêmes ne peuvent trouver de sommeil qu'en se glissant dans des sacs dont ils referment hermétiquement l'ouverture. Plutôt que d'étouffer dans un sac, comme le célèbre Buridan, nous préférons nous laisser dévorer tout vifs. Au matin, nous contemplons mélancoliquement les draps de nos lits de camp, criblés de petites taches de sang : ce sont les miettes du festin que nous venons d'offrir à nos dépens aux insectes de Souq el-Khamiss. Il ne manquait que des moustiques pour sonner l'hallali !

Nous quittons avec plaisir ce lieu maudit pour gagner Bauan, en franchissant le défilé du Karn-el-Ouâl la *Corne de Cerf*, entre les crêtes du djebel Hadj ; Bauan n'est point un village habité, mais une agglomération de petites loges en pierre, assez semblables à des niches à chien, où chaque jeudi, jour de marché, les paysans des environs viennent s'accroupir auprès de leurs denrées. Nous prenons part aux transactions commerciales en achetant une corbeille de prunes et de pêches apportées cette nuit même de Sâna. Après nous être reposés vingt minutes dans une hutte plus spacieuse que les boutiques minuscules du souq[1] en absorbant quelques tasses de café, c'est-à-dire de qischr brûlant, nous remontons sur nos mules pour franchir le haut plateau de Metneh, sur la ligne de faîte de la grande chaîne. Au-delà du plateau, nous commençons, en effet, à descendre sur le versant oriental, dont les eaux s'écoulent, non plus vers la mer Rouge, mais vers le grand désert intérieur de l'Arabie. Peu après avoir dépassé le village de Beyt

---

1. *Souq* : souk, marché

Adrân, que nous laissons à une lieue sur la gauche, nous franchissons un dernier col, et nous découvrons tout à coup, à une profondeur de trois cents mètres, la ville de Sâna, assise au pied du djebel Nouqoum, dans une large vallée désertique descendant vers le nord. Sous les rayons obliques du soleil à son déclin, nous voyons se profiler nettement les maisons de la grande cité, les minarets et les dômes de ses quarante-huit mosquées, son enceinte immense de murailles bastionnées de tours, que domine la citadelle élevée sur la butte de Qamdân.

Une descente rapide par un sentier en corniche, une halte de quelques minutes à la fraîche fontaine de Sinan Pacha, près du village d'Asr, la traversée de la vallée au trot accéléré de nos mules, et nous nous trouvons sous les murs de Sâna.

La route de l'ouest, par où nous arrivons, aboutit à la porte des Juifs. Bab-el-Yahoud, d'où l'on se rend au souq, quartier commerçant situé à l'autre bout de la ville, en traversant dans toute leur longueur le faubourg de Bir-Azeb et le Moutwâkil. Nous n'aurions eu aucune raison de nous écarter de cet itinéraire sans un caprice d'Ali Mabari, notre muletier. Entre autres défauts, Ali a la fâcheuse habitude d'allumer le flambeau de l'hyménée dans toutes les villes où son métier l'oblige à s'arrêter, et où il se crée ainsi de confortables pied-à-terre conjugaux. Déjà pourvu de deux femmes légitimes, l'une à Hodeïdah, l'autre à Beyt-el-Fakîh, il avait profité de notre séjour à Menâkha pour y contracter un troisième mariage avec une jeune Haràzienne qu'il amenait à Sâna pour savourer dans la capitale les douceurs du premier quartier de la nouvelle lune de miel. Par un louable sentiment de délicatesse, il désirait se glisser dans la ville par des chemins détournés, afin de soustraire sa récente conquête aux regards indiscrets des désœuvrés du souq. Pour complaire au désir du libidineux muletier, nous laissons donc la porte des Juifs à notre gauche et nous longeons le côté méridional du mur d'enceinte en côtoyant les vastes cimetières qui s'étendent à l'ouest de la ville. Après avoir traversé un petit canal d'eau courante qui dessert le quartier central de Moutwâkil, nous passons devant les casernes d'infanterie, qui forment en dehors de l'enceinte le camp retranché d'El-Hordi, et enfin, au coucher du soleil, nous faisons notre entrée à Sâna par la porte du Sud, dite Bab el-Yémen, qui s'ouvre sur la route de Tâez et d'Aden.

La ville de Sâna, surnommée emphatiquement par les Arabes : le *trône du Yémen (Koursi el-Yémen)* ou encore : *la mère du monde (Oumm el-Dounia)*, est située par 15° 22' de latitude nord et 42° 9' 25" de longitude est de Paris, à deux mille trois cents mètres environ d'altitude, dans une vallée largement ouverte sur le versant oriental de la grande chaîne. Cette haute vallée descend en pente très douce vers le nord-nord-ouest, dans la direction du Nedjran, entre des montagnes arides qui la dominent de cinq cents à six cents mètres. Pendant notre séjour (en juin et juillet), la température atteignait au milieu de la journée un maximum presque invariable de vingt-quatre à vingt-cinq degrés centigrades, tombait brusquement à dix-huit ou vingt degrés au coucher du soleil et baissait ensuite graduellement jusqu'au minimum de douze à treize degrés, qui se produisait à l'aube. Dans la seconde quinzaine de janvier, qui est, dit-on, la période la plus froide de l'année, le thermomètre descend parfois le matin à trois degrés au-dessous de zéro et remonte l'après-midi à seize degrés. Toute la ville est entourée d'une muraille de huit à dix mètres de hauteur et d'épaisseur presque égale, en terre argileuse, durcie au soleil. Des tours massives demi-engagées forment une suite de bastions circulaires surélevés de deux ou trois mètres. Cette enceinte est percée d'une dizaine de portes et présente un développement total de treize kilomètres.

L'architecture des constructions de Sâna nous a frappés tout d'abord par l'unité du style général jointe à une élégante variété dans les détails de l'ornementation. Elle est très décorative et réellement originale. Les maisons comprennent pour la plupart un rez-de-chaussée en moellons de basalte appareillés, surmonté de deux ou trois étages en briques cuites au feu. Le rez-de-chaussée n'a généralement d'autre ouverture qu'une porte à cintre surbaissé inscrit dans une arcade ogivale. Le tympan, légèrement en retrait, est ajouré par un croisillon grillé ou par deux à quatre rangs de barbacanes disposées en triangle. L'archivolte est souvent ornée de moulures ou d'entrelacs. Au premier étage, la façade est percée de hautes et étroites baies cintrées, fermées par des cloisons ou claustras portant chacune un ou deux œils-de-bœuf circulaires; au-dessous de la claustra, la partie inférieure de la baie encadre une fenêtre carrée pourvue quelquefois d'une petite mechrebieh en bois découpé. Les œils-de-bœuf sont garnis, soit d'une plaque de gypse translucide, soit d'une rosace de vitraux de couleur. Les étages supérieurs prennent jour par des fenêtres de formes diverses, à vitraux polychromes, enchâssés dans les mailles d'un grillage en rinceaux du dessin le plus capricieux et le plus varié. Le niveau de chaque étage est accusé sur la façade par un large bandeau de briques en saillie, figurant une double ou triple ligne de chevrons à angles contrariés ou parallèles. Les encadrements des baies, les bandeaux et généralement tous les reliefs sont blanchis à la chaux et tranchent vivement sur la muraille de basalte ou de briques.

Les mosquées consistent, comme partout, en un portique entourant une cour rectangulaire avec bassin pour les ablutions et niche cintrée indiquant la direction de La Mecque. Le portique, soutenu par de fines colonnes, est surmonté de dômes blanchis à la chaux. Dans les angles s'élèvent un ou deux minarets *(soumâs)*, à étages successivement quadrangulaires, octogones et cylindriques, à chacun desquels correspond une galerie extérieure en encorbellement pour l'appel à la prière. À l'exception de ceux de la grande mosquée, qui sont en pierre revêtue d'un enduit blanc, ces minarets sont construits, comme les maisons, en briques cuites au feu, avec ornements en relief figurant soit des inscriptions de versets du Coran, soit des chevrons, losanges, besants, etc. Les principaux minarets sont surmontés, non du croissant guerrier comme en Turquie, mais de la colombe pacifique, en commémoration d'un épisode touchant de l'Hégire. On sait que le prophète, poursuivi par les Koréichites et réfugié dans une caverne du djebel Thour, dut son salut à une circonstance miraculeuse. Pendant la nuit, des araignées vinrent tendre leurs toiles à l'entrée de la caverne, tandis que deux colombes y suspendaient leurs nids, où elles se mettaient à couver ; ce que voyant, les Koréichites jugèrent que personne n'avait dû s'introduire depuis longtemps dans ce passage et s'éloignèrent sans pousser plus avant leurs recherches. On compte à Sâna quarante-huit mosquées, une douzaine de bains publics et quelques édifices sans caractère architectural affectés aux administrations publiques.

Les maisons de plaisance sont situées pour la plupart dans le faubourg de Bîr Azeb, où se trouve la résidence du vali ou gouverneur du Yémen. Cependant, bon nombre de maisons du quartier commerçant possèdent, comme celles de Bîr Azeb, un grand jardin arrosé par l'eau tirée d'un puits de quatre à cinq mètres de diamètre.

D'après les évaluations d'Halévy, le chiffre de la population de Sâna, qui s'élevait au siècle dernier à deux cent mille habitants, était déjà tombé à soixante mille au commencement de l'année 1870, époque de la conquête de la province par les Turcs ; Manzoni, se fondant sur le nombre des maisons habitées, estime que de 1877 à 1880 la population ne comptait plus que vingt mille Arabes, trois mille Turcs et mille sept cents juifs, en tout moins de vingt-cinq mille habitants. Cette décadence est due, à n'en pas douter, à l'anarchie qui régnait en Yémen pendant les derniers temps de la domination des imams, puis, sous le régime actuel, aux exactions inouïes et au despotisme de l'administration ottomane.

À une heure de marche au nord de Sâna se trouve le bourg de Raudha, où les riches habitants de la capitale ont leurs maisons de campagne. Nous en avons remarqué deux dont l'aspect étrange mérite d'être signalé. Ce sont d'énormes tours en pisé d'un diamètre de sept à huit mètres, d'une hauteur de douze à quatorze mètres, surmontées d'un petit belvédère de quatre ou cinq mètres à deux étages. Cette retraite aérienne est destinée au logement, tandis que la tour elle-même, percée de rares et étroites fenêtres en forme de meurtrières, est occupée par des magasins. Autrefois elle servait surtout de retranchement contre les attaques des brigands ou des bédouins des tribus, perpétuellement en guerre les unes contre les autres. La situation de ces petites retraites sur la plate-forme des tours est d'ailleurs bien choisie pour procurer aux habitants un peu de fraîcheur pendant la saison chaude.

Dans le thalweg entre Sâna et Raudha et dans les parties de la vallée arrosées par les ruisseaux qui descendent du revers oriental du Serât, on voit des champs de fèves, luzerne, carthame, orge, etc., bordés de haies de tamarix. Les vergers de Bîr Azeb et de Raudha sont renommés pour leurs excellents fruits: raisins, pommes, poires, prunes, pêches, abricots, oranges, cédrats, limons, etc. Mais c'est dans les ravins profondément encaissés qui descendent de la montagne sur la rive gauche de la vallée que se trouvent les jardins les plus fertiles et les plus beaux arbres fruitiers. Le mûrier noir y atteint une taille gigantesque. Dans le ouadi Hadda, qui s'ouvre à cinq kilomètres environ au sud-ouest de Sâna, les habitations rurales sont éparses au milieu des vergers en terrasses comme des villes dans un parc accidenté. Le ouadi est arrosé par un gros ruisseau qui fait mouvoir un moulin et se précipite en cascade à l'ombre d'une petite forêt de noyers et d'abricotiers. Au-dessus du moulin et tout auprès s'élève une petite mosquée avec le tombeau du *wéli* ou saint musulman, cheik Seyid-el-Koroukchi.

Notre itinéraire comportait une pointe vers le nord, dans le pays de Hamdan et dans le Kaukaban. Nous partîmes de Sâna le 9 juillet, et, laissant à droite le chemin de Raudha, nous nous dirigeâmes au N.-N.-O., en traversant les champs de carthame et de luzerne qui s'étendent jusqu'en vue du village fortifié de Dhoula, visible à mille huit cents mètres de notre route. Cette première étape nous conduisit au samsare de Beyt Nâm, dans la région supérieure du ouadi Dhar. De là, suivis de quelque jeunes gens de Tawîla, qui avaient passé la nuit au samsare et voulurent se joindre à notre caravane, nous nous élevâmes sur l'immense plateau de laves basaltiques qui s'étend au pied du djebel Hadhour, la plus haute cime du Serât. On peut évaluer l'altitude de cette montagne à trois mille cinq cents mètres environ. Il y tombe, dit-on, de la neige en hiver. Une marche de cinq heures à travers des plaines rocheuses d'une effroyable aridité nous conduisit à l'entrée de la petite ville de Chibâm, où nous eûmes la satisfaction de trouver un logement confortable et une population accueillante.

On trouve à Chibâm beaucoup de pierres provenant d'anciens monuments, avec inscriptions himyarites gravées en creux ou en relief. La plupart ont servi de matériaux pour les constructions actuelles et sont engagées dans les murs des maisons. Nous étions en train de copier une de ces inscriptions, quand une vieille femme sortant furieuse de son habitation, devant laquelle nous nous étions arrêtés, se mit à nous accabler d'invectives, au grand amusement de quelques badauds qui nous suivaient partout. Ils nous engagèrent à continuer notre travail sans écouter les criailleries de la vieille. Les plus officieux paraissaient même disposés à repousser brutalement la pauvre femme, qui faisait mine de vouloir nous barrer le passage. Nous dûmes prendre sa défense en déclarant qu'étant venus dans le pays avec l'intention bien arrêtée de ne faire tort à personne, nous préférions renoncer à copier cette inscription plutôt que de contrister la maîtresse du logis. La vieille nous avait pris, je pense, pour des employés du fisc ottoman occupés à évaluer la *matière imposable.* Subitement calmée par nos paroles conciliantes, c'est elle-même qui, maintenant, nous invitait à copier toutes les inscriptions de sa maison et même à y entrer s'il nous plaisait. La Fontaine a toujours raison : *Plus fait douceur que violence.*

La ville de Kaukaban, située sur le plateau supérieur, au bord de la muraille de rochers d'où la vue plonge sur Chibâm, est plus étendue que sa voisine, mais déjà très inférieure par le chiffre de sa population, qui tend à diminuer de jour en jour. C'est une ancienne place forte, bordée de tous côtés, sauf au nord-ouest, par d'effroyables précipices. Elle pouvait défier tous les assauts, mais a été rendue promptement intenable sous les feux convergents des batteries turques postées sur une hauteur voisine. Une mosquée et de nombreuses maisons ont été détruites par le bombardement, dans le quartier Sud-Ouest. Aujourd'hui, Kaukaban, déchue de son rôle de capitale d'une principauté indépendante, est une ville morte qui ne se relèvera plus de ses ruines.

Nous profitâmes de notre séjour à Chibâm pour faire une excursion à travers le haut plateau de

Kaukaban, dans la direction de Tawîla. On s'élève jusqu'à l'altitude d'environ trois mille mètres sur le plateau avant de redescendre dans cette petite ville si pittoresquement située au milieu de rochers gigantesques. Elle est d'un côté garantie de toute attaque par cette ceinture d'escarpements formidables, dont l'une des crêtes est couronnée par un château fort. Du côté de la plaine, elle est protégée par une épaisse muraille d'enceinte, renforcée par une citadelle. Quant aux maisons, c'est toujours la même architecture et la même ornementation qu'à Sâna et à Kaukaban. Mais ces maisons sont restées intactes, car cette ville, si admirablement située, ne peut être ni prise d'assaut, ni forcée par l'artillerie ; il fallut la réduire par la famine.

Cependant nous devions songer au retour, ayant encore un long itinéraire à parcourir dans le sud, en nous arrêtant à Yérim et à Tâez. Nous revînmes donc à Chibâm, d'où nous repartîmes aussitôt pour Sâna, mais par une route différente de celle que nous avions suivie. Après avoir passé la nuit dans la petite ville d'Amran, nous approchions de la capitale, quand nous croisâmes, près du village d'el-Azrakeyn, la caravane des pèlerins de La Mecque. Partie de Sâna le matin même, elle avait campé la veille aux portes de la ville, où elle avait été conduite solennellement par les autorités ottomanes et les troupes de la garnison, aux sons de la musique militaire et au bruit des salves d'artillerie. Nous vîmes défiler environ deux cents hommes poussant devant eux de petits ânes chargés de leur pauvre bagage : quelques vivres et l'ihrâm, vêtement blanc que les pèlerins doivent revêtir en arrivant sur le territoire de la ville sainte. En tête marchaient trois jeunes gens portant l'étendard vert de l'islam. L'un d'eux nous salue en inclinant par trois fois son drapeau. Nous rendîmes avec respect leur salut à ces hommes qui allaient affronter les misères et les dangers d'un long voyage, pour accomplir un devoir religieux. Quelques heures plus tard, nous étions en vue des minarets et des jardins de Raudha, que nous laissions à notre gauche pour continuer directement notre route jusqu'à Sâna. Vers les trois heures de l'après-midi, nous étions de retour dans notre logis, près de la mosquée Salah Ed-Dîn.

Le moment était venu de dire adieu à la capitale du Yémen. Le 30 juillet, tout étant prêt pour le départ, nous franchissons pour la dernière fois l'enceinte fortifiée, par la porte du Sud, dite Bab el-Yémen, et passant au pied du djebel Nouqoum, nous prenons la route de Dhamar en remontant la grande vallée. Le lendemain, après une longue marche sur les hauts plateaux, nous atteignons cette ville, juste à temps pour nous abriter de l'orage qui menace d'éclater. Le 2 août, une nouvelle étape à travers d'interminables plaines rocheuses nous amène à Yérim, petite ville située dans une vallée marécageuse, à deux mille six cent soixante-quinze mètres environ d'altitude. Deux ou trois cents maisons de pauvre apparence se groupent au pied d'un rocher escarpé d'une quarantaine de mètres de hauteur, couronnée par une forteresse délabrée. Ne trouvant pas à nous loger au samsare, occupé par une troupe de chameliers qui refusent de nous faire place, nous acceptons avec reconnaissance l'appartement offert par un habitant plus hospitalier, à l'étage supérieur de sa maison. De la fenêtre de notre logis, nous avions un beau point de vue sur l'ensemble de la ville, dont nous prîmes une photographie. On sait que le célèbre naturaliste Forskal, adjoint à l'expédition de Niebühr, succomba dans cette localité, le 11 juillet 1763, à la maladie qu'il avait contractée pendant son séjour dans la ville malsaine de Tâez.

Poursuivant notre route, nous cheminons dans les plaines marécageuses de la vallée de Yérim, puis nous franchissons la passe difficile du djebel Soumara par des chemins escarpés où nous perdons un de nos chameaux de charge. Nous passons la nuit au village d'el-Mekhâder. De là, par une marche de quelques heures à travers des campagnes d'une prodigieuse fertilité, nous gagnons la pittoresque ville d'Ibb, place forte entourée d'une muraille bastionnée en pierres de taille, au pied du revers occidental du djebel Badan. Le lendemain, nous repartons pour Tâez, dont nous sommes encore éloignés de deux fortes journées de marche. Laissant la ville de Djiblah sur notre droite, nous gravissons les pentes escarpées d'une haute montagne, jusqu'à l'entrée d'un col s'ouvrant au-dessous de la cime. De ce point élevé, nous découvrons la plaine immense qui s'étend jusqu'à Tâez. L'ascension que nous venons d'accomplir nous coûte un second chameau, qui succombe à la fatigue sur ce chemin presque inaccessible aux bêtes de somme.

Enfin, le 6 août, nous arrivons vers trois heures de l'après-midi en vue de la citadelle de Tâez *(el-Kahirah)*, postée au sommet d'un pic abrupt qui domine la ville d'une hauteur de cent cinquante mètres. Peu après nous faisons notre entrée par la grande porte *(bab el-kebir)*, qui s'ouvre au nord-est. Nous suivons la rue principale du souq, où se presse une population bruyante et affairée, tandis que les officiers et employés turcs, attablés nonchalamment aux terrasses des cafés, nous regardent passer avec la curiosité des oisifs de petite ville.

Parvenus à l'extrémité du souq, nous mettons pied à terre sur une place rectangulaire ombragée par de beaux tamarins. Un de nos domestiques indigènes, envoyé à la découverte, ne tarde pas à nous trouver un logement : c'est une maison entière, entre cour et jardin, qu'on nous livre pour six thalaris par mois, soit environ vingt-quatre francs au cours du jour. C'est bien bon marché, mais nous n'en profiterons pas longtemps. Du haut de la terrasse, nous prenons commodément des vues de la citadelle et de la belle mosquée Mouzâfer, qui est tout proche.

Tâez, ville fortifiée de trois mille habitants, est la résidence d'un *moutessarif* (préfet) dont l'autorité s'exerce sur tout le territoire compris entre le département d'Hodeïdah et les districts semi-indépendants (sous le protectorat anglais) situés au nord d'Aden.

La ville, adossée au revers septentrional de l'énorme massif montagneux du gebel Sabor, est située par 13° 34' de latitude nord, à mille trois cent quarante-sept mètres au-dessus du niveau de la mer. Les maisons de Tâez sont construites en maçonnerie de blocage, sans aucun ornement. Les mosquées, au nombre de cinq, sont de style byzantin à dômes et à minarets blancs, surmontés du croissant. La plus remarquable est la mosquée Mouzâfer, fondée par l'imam dont elle porte le nom. C'est une construction rectangulaire adossée aux premières pentes de la montagne.

Deux minarets trapus, trois grandes coupoles et une douzaine de dômes plus petits forment un ensemble d'une réelle beauté architecturale. La façade est ornée, au-dessus des baies grillées de l'étage inférieur, d'un rang d'arceaux adossés portés par de fines colonnettes, et en outre de rinceaux et d'entrelacs variés.

Sauf le noyer, on cultive à Tâez les mêmes arbres fruitiers qu'à Sâna et à Raudha. Le dattier y reste chétif, mais le bananier y donne de bons fruits, moins estimés toutefois que ceux de Dorebat, petite localité située sur la route de Moka, dans une vallée à la lisière du Tehama. Quelques-uns de ces jardins sont entretenus avec soin, embellis par des parterres et des eaux jaillissantes. Tel est le Bostân Housseynieh, au centre de la ville.

Affaiblis par les fatigues du voyage et par un commencement d'anémie qui s'aggravait de jour en jour, nous dûmes abréger notre séjour à Tâez et nous hâter de regagner la côte. Nous redescendîmes donc dans les plaines du littoral en passant au pied du djebel Em-Borachi, repaire de brigands redouté des voyageurs. Enfin, après avoir traversé sans y séjourner les grandes villes du Tehama, – Heys, Zébîd, Beyt el-Fakîh, – nous nous retrouvions, le 23 août, à notre point de départ, Hodeïdah, que nous avions quitté quatre mois auparavant.

Annexe

Considérations sur l'architecture du Yémen

Le lecteur a dû s'apercevoir que les villes du Yémen se ressemblaient toutes ; Sâna, la capitale et la plus luxueuse, avec des mosquées plus riches et de plus belles maisons, peut servir de type à cette architecture arabe. Ce qui surprend dans cette architecture, c'est l'abus de fenêtres masquées, inutiles par conséquent, et qui vous racontent tant de choses. En effet, si le lecteur veut se reporter à la vue de quelques-unes de ces maisons, il verra que ces fenêtres sont bouchées pour la plupart, et d'autres masquées par des treillis qui ne permettent que l'introduction voilée de la lumière.

Certaines de ces fenêtres, celles qui sont hermétiquement closes et qui, naturellement, ne servent à rien, ont même conservé des balcons qui ne servent pas davantage. Or, ces fenêtres murées aujourd'hui et ces balcons n'ont pas été construits dans le principe pour ne pas servir. Ces fenêtres étaient ouvertes, cela est évident, et la femme sabéenne, que rien n'obligeait à se dissimuler comme la musulmane, apparaissait à ces fenêtres et se montrait sur ces balcons pour y prendre l'air et observer ce qui se passait au-dehors.

Mahomet vint, qui condamna la femme à se voiler; il lui fut désormais défendu de montrer son visage à d'autres hommes qu'à son mari, et dès lors les fenêtres devenaient des ouvertures indiscrètes qu'il fallut condamner; autrement l'Arabe eût été obligé de modifier sa maison, de changer son architecture. Cela n'était point dans ses mœurs; nous savons, en effet, que ce peuple étrange est immuable, que d'âge en âge et en dépit des révolutions il a su garder les vices, les vertus, les habitudes, les mœurs et le costume de ses aïeux. Pourquoi aurait-il changé son architecture?

L'Arabe musulman continua donc de bâtir des maisons semblables à celles de ses ancêtres païens, des maisons avec des simulacres de fenêtres dont il avait désappris l'usage, et des fenêtres avec des balcons, parce qu'ils existaient autrefois; puis, pour s'éclairer, il ouvrit au-dessous d'autres ouvertures munies de grillages et qui, celles-là, sont bien à lui.

Il est donc vraisemblable que les villes du Yémen et la ville de Sâna, notamment, nous offrent aujourd'hui l'aspect, la physionomie des villes sabéennes du temps de la reine Belkiss.

Mais la ressemblance ne s'arrêterait point aux maisons : la mosquée elle-même ne serait que la reproduction du temple païen, si bien approprié au climat et aux besoins de l'époque : un immense rectangle entouré de portiques à colonnes surmontés de petits dômes à l'ombre desquels se prosternait le fidèle, avec bassin pour les ablutions et sanctuaire pour les idoles. C'est la Caaba de La Mecque.

Un culte nouveau surgit : l'Arabe conserve ce temple, comme il a conservé les maisons ; et l'appel des croyants à la prière, recommandé par le prophète, ne pouvant se faire entendre que d'une hauteur dominant la cité, le musulman imagine le minaret, appareil né d'un besoin nouveau, qu'il applique à un édifice ancien, et c'est bien une applique, une annexe, cette élégante colonne que l'on sent ne point appartenir au temple, comme le clocher qui fait corps avec l'église. Tous deux cependant ont été élevés dans le même but : l'un, pour convoquer par la voix de l'homme, l'autre, par la voix des cloches, les fidèles à la prière.

En somme, l'Arabe ne conquit la personnalité que lui ménageait l'islam que lorsqu'il eut échappé au milieu dont il subissait l'influence depuis tant de siècles ; c'est lorsqu'il eut quitté l'Arabie, c'est dans l'Afrique du Nord, c'est en Espagne, qu'il construisit la demeure appropriée à ses nouveaux besoins, l'espèce de cloître à murailles sans ouvertures au-dehors, mais ornée au-dedans de gracieuses galeries et de fontaines jaillissantes où il enferma ses femmes à l'abri des regards indiscrets. C'est dans les villes qu'il inventa le *moucharaby*, qui leur permettra de voir sans être vues ; et c'est là, dans ses temples, ses écoles et ses palais, que se développera son génie, dans les merveilles décoratives que nous admirons aujourd'hui. Mais en Arabie, dans le Yémen, il a gardé tout ce que lui avait légué le passé.

Un chamelier bédouin.

Imprimé en 2015
par Bookpress.eu
Olsztyn, Pologne.

—

Dépôt légal 2e trimestre 2015